ALMANACH

Des Rues et des Bois

A L'USAGE DES POÈTES

POUR 1867

Indispensable à tous les gens de bien

SECONDE ANNÉE

A Chaillot

& se trouve

A LA LIBRAIRIE DU PETIT JOURNAL

1867

ALMANACH

Des Rues et des Bois

A L'USAGE DES POÈTES

POUR 1867

Indispensable à tous les gens de bien

SECONDE ANNÉE

A CHAILLOT

& se trouve

A LA LIBRAIRIE DU PETIT JOURNAL

1867

Le Printemps commencera le 20 mars, à deux heures du matin.

L'Été commencera le 21 juin, à onze heures du soir.

L'Automne commencera le 23 septembre, à une heure de l'après-midi.

L'Hiver commencera le 22 décembre, à sept heures du matin.

Le 5 mars, éclipse de soleil, visible en France, de huit à onze heures du matin. La lune couvrira presque entièrement cet astre, sauf un anneau de lumière dont elle restera entourée au plus fort de l'éclipse, vers neuf heures trois quarts.

Le 13/14 septembre, éclipse de lune, visible en France, de neuf heures du soir à trois heures du matin. La plus belle apparence du phénomène aura lieu vers minuit et demi.

CALENDRIER
Des Rues & des Bois

POUR

1867

AVEC LE LEVER DE L'AURORE

—

ORNÉ DE POÉSIES LÉGÈRES

———

Quand on fut toujours vertueux
On aime à voir lever l'Aurore.
A son aspect délicieux
L'homme juste est plus calme encore.
L'attente d'un si beau moment
Le remplit d'une ivresse pure,
Et lui rend encor plus touchant
Le doux réveil de la nature.

JANVIER

JOURS		FÊTES	AURORE	
			h.	min.
1	mardi.	Circoncision.	7	26
2	mercredi.	s. Basile, évêque.	7	26
3	jeudi.	se Geneviève.	7	26
4	vendredi.	s. Rigobert.	7	26
5	samedi.	s. Siméon.	7	25
6	**DIMANCHE.**	Epiphanie.	7	25
7	lundi.	s. Théaulon.	7	25
8	mardi.	s. Lucien	7	25
9	mercredi.	s. Furcy.	7	24
10	jeudi.	s. Paul, ermite.	7	24
11	vendredi.	s. Théodose.	7	23
12	samedi.	s. Arcade.	7	23
13	**DIMANCHE.**	**BAPTÊME DE N. S.**	7	22
14	lundi.	s. Hilaire, évêque.	7	21
15	mardi.	s. Maur.	7	21
16	mercredi.	s. Guillaume.	7	20
17	jeudi.	s. Antoine, abbé.	7	19
18	vendredi.	Ch. s. Pierre à R.	7	18
19	samedi.	s. Sulpice.	7	17
20	**DIMANCHE.**	s. Sébastien.	7	17
21	lundi.	se Agnès, vierge.	7	16
22	mardi.	s. Vincent.	7	15
23	mercredi.	s. Ildefonse.	7	14
24	jeudi.	s. Babylas.	7	13
25	vendredi.	**CONV. DE S. PAUL**	7	11
26	samedi.	se Paule.	7	10
27	**DIMANCHE.**	se Julienne.	7	9
28	lundi.	s. Charles.	7	8
29	mardi.	s. François de Sales	7	7
30	mercredi.	se Bathilde.	7	5
31	jeudi.	s. Pierre Nol.	7	4

La lune brille du 13 au 27 janvier.

Dès que commence Janvier,
Songez à versifier.
Les veilles des longs hivers
Sont favorables aux vers.

JANVIER

AUX RÉALISTES

Honteux gâcheurs de prose et dédaigneurs de rimes,
Hors d'ici! De l'Eden je vous ferme l'accès,
Réalistes fangeux, faiseurs de pantomimes
    Qui ne savez pas le français!

Châtrés de l'idéal, fiers de votre impuissance,
Clowns muets, bêtement vous emboîtant le pas,
Laissez passer le char des poètes! En France
    L'enthousiasme ne meurt pas.

Hugo d'abord. Il règne, il est pâle, il est vaste;
Il est auréolé des grandeurs de l'exil...
Lamartine, Vigny, Musset, les chefs de caste...
    Monsieur Sainte-Beuve en est-il?

Enfin, ces beaux esprits que tu mets au ban, ville
Où toute poésie est un crime à nier,
O Charles Monselet, ô Gautier, ô Banville!
Fleur des pois, premier choix et dessus du panier.

FÉVRIER

JOURS	FÊTES	AURORE	
		h.	min.
1 vendredi.	s. Ignace.	7	3
2 samedi.	Purification.	7	1
3 DIMANCHE.	s. Blaise.	7	0
4 lundi.	s. Gilbert.	6	58
5 mardi.	se Agathe.	6	57
6 mercredi.	s. Wast.	6	55
7 jeudi.	s. Romuald.	6	54
8 vendredi.	s. Jean de Matha.	6	52
9 samedi.	se Apolline.	6	51
10 DIMANCHE.	se Scholastique.	6	49
11 lundi	s. Séverin.	6	47
12 mardi.	se Eulalie.	6	46
13 mercredi.	s. Polyeucte	6	44
14 jeudi.	s. Valentin.	6	42
15 vendredi.	s. Faustin.	6	41
16 samedi.	s. Onésime.	6	40
17 DIMANCHE.	s. Sylvain. SEPTUAG.	6	37
18 lundi.	s. Siméon.	6	35
19 mardi.	s. Gabriel.	6	34
20 mercredi.	s. Eucher.	6	32
21 jeudi.	s. Pépin.	6	30
22 vendredi.	Ch. s. Pierre à R.	6	28
23 samedi.	se Isabelle.	6	26
24 DIMANCHE.	s. Mathias. SEXAG.	6	24
25 lundi.	s. Taraise.	6	22
26 mardi.	s. Alexis.	6	20
27 mercredi.	s Léandre.	6	18
28 jeudi.	JEUDI-GRAS.	6	16

La lune brille du 12 au 26 février.

Les lazzis et les bons mots
Sont remèdes à tous maux ;
Avec un succès marqué
On les place au bal masqué.

FÉVRIER

A MARIE B***

Nul ne peut posséder tous les biens de ce monde,
    Mais le Créateur, ici-bas,
Nous a dit : Tout existe; empruntez à la ronde
    Les trésors que vous n'avez pas.
Le buisson prête donc ses retraites paisibles
    A la famille de l'oiseau;
La nuit prête aux amants, pour les rendre invisibles,
    Un petit coin de son manteau.
Vos yeux ont emprunté de la voûte azurée
    L'éclat, le charme et la couleur;
Votre front doit au lys, cette fleur admirée,
    Sa poésie et sa blancheur;
Et, pour doubler le prix des merveilles écloses
    Au feu de leur génie ardent,
Les maîtres ont besoin, malgré tout leur talent,
    D'emprunter vos deux lèvres roses.

MARS

JOURS		FÊTES	AURORE	
			h.	min
1	vendredi.	s. Aubin.	6	14
2	samedi.	s. Simplice.	6	12
3	**DIMANCHE.**	**DIMANCHE-GRAS.**	6	10
4	lundi.	s Casimir.	6	8
5	mardi.	**MARDI-GRAS.**	6	6
6	mercredi.	Cendres.	6	4
7	jeudi.	s. Thomas d'Aquin.	6	2
8	vendredi.	s Ponce.	6	0
9	samedi.	se Françoise.	5	58
10	**DIMANCHE.**	se Isaure	5	56
11	lundi.	40 martyrs.	5	54
12	mardi.	s. Pol, évêque.	5	52
13	mercredi.	se Euphrasie **4 TEMPS**	5	50
14	jeudi.	s. Lubin.	5	48
15	vendredi	s. Longin.	5	46
16	samedi.	s. Cyriaque.	5	44
17	**DIMANCHE.**	s. Abraham. **REMIN.**	5	42
18	lundi.	s. Siméon, évêque.	5	40
19	mardi.	s. Joseph.	5	38
20	mercredi.	s. Guthbert.	5	36
21	jeudi.	s. Benoît.	5	33
22	vendredi.	s. Lée.	5	31
23	samedi.	s. Victor.	5	29
24	**DIMANCHE.**	s. Gabriel. **OCULI.**	5	27
25	lundi.	s. Césaire.	5	25
26	mardi.	s. Ludger.	5	23
27	mercredi.	s. Rupert.	5	21
28	jeudi.	**MI-CARÊME.**	5	18
29	vendredi.	s. Eustache.	5	16
30	samedi.	s. Rieul.	5	14
31	**DIMANCHE.**	s. Gui. **LÆTARE.**	5	12

La lune brille du 13 au 28 mars.

Dans ce mois, cher au dieu Mars,
Rassemblez vos traits épars,
Et tâchez d'avoir accès
Sur le Parnasse français.

MARS

A UNE DAME ÉTRANGÈRE

Sous ton bonnet, en hiver, chaque soir
Je t'aperçois, glissant sur le trottoir
Comme un fantôme éveillé dans la brume...
— Tu dis tout bas, au passant qui s'enrhume,
Qu'un bois bien sec brûle dans ton boudoir,
Et qu'il n'a rien qu'à tirer son mouchoir...
Or, ce disant, dans l'ombre, ton œil noir
Comme un cigare étincelle et s'allume
    Sous ton bonnet.

Mais si le sot a le front de vouloir,
Il apprendra ce qu'on gagne à s'asseoir
A ton foyer nourri par le bitume,
Car il perdra, — pigeon qui se déplume, —
Plus de cheveux que l'on n'en saurait voir
    Sous ton bonnet!

AVRIL

JOURS		FÊTES	AURORE	
			h.	min.
1	lundi.	s. Hugo (V.) ?	5	10
2	mardi.	s. Hugues.	5	8
3	mercredi.	s. Richard.	5	6
4	jeudi.	s. Elphège.	5	4
5	vendredi.	s. Ambroise.	5	2
6	samedi.	s. Célestin.	5	0
7	DIMANCHE.	La Passion.	4	58
8	lundi.	s. Albert.	4	56
9	mardi.	s. Christiani	4	54
10	mercredi	s. Edèze.	4	52
11	jeudi.	se Azélie.	4	50
12	vendredi.	s. Jules.	4	48
13	samedi.	se Godeberte.	4	46
14	DIMANCHE.	Les Rameaux.	4	44
15	lundi.	s. Justin.	4	42
16	mardi.	s. Paterne.	4	40
17	mercredi.	s. Anicet.	4	38
18	jeudi.	s Parfait.	4	36
19	vendredi.	VENDREDI-SAINT.	4	34
20	samedi.	se Emma.	4	32
21	DIMANCHE.	PAQUES.	4	30
22	lundi.	se Opportune.	4	28
23	mardi.	s. Georges.	4	26
24	mercredi	s. Robert.	4	24
25	jeudi.	s. Marc.	4	22
26	vendredi.	s. Clet.	4	21
27	samedi.	s. Anthime.	4	19
28	DIMANCHE.	QUASIMODO.	4	17
29	lundi.	s. Vital.	4	15
30	mardi.	s. Eutrope.	4	14

La lune brille du 11 au 27 avril.

En avril, mille verdures
Commencent à foisonner;
Les lyres, pleines d'allures,
S'apprêtent à résonner.

AVRIL

A LAURE C.

Au frais soleil d'avril, dans la verte campagne,
Alors que mille bruits s'éveillent autour d'eux,
Vois passer en silence un couple d'amoureux
Que le bonheur pensif pas à pas accompagne.

Près d'un vieux chêne, assis sur un banc de gazon,
Ils songent. Sur leur front papillonne l'ombrage ;
Ils regardent tous deux, à travers le feuillage,
Les nuages dorés, groupés à l'horizon.

Sur l'arbre, un rossignol babille. Point de roses,
Mais la brise, qui fuit sous les rameaux tremblants,
Laisse tomber sur eux les parfums enivrants
Des grappes de lilas depuis l'aurore écloses.

D'un tel enchantement tous deux sont alarmés ;
Le bonheur absolu pèse aux âmes mortelles.
Un mot d'amour fait fuir le rêve à tire-d'ailes,
Et cette heure, pour eux, ne reviendra jamais.

MAI

JOURS	FÊTES	AURORE
		h. min.
1 mercredi.	s. Philippe.	4 12
2 jeudi.	s. Athanase.	4 10
3 vendredi.	**INV. SAINTE CROIX.**	4 9
4 samedi.	se Monique.	4 7
5 **DIMANCHE**.	s. Pie.	4 5
6 lundi.	s. Jean P. latine.	4 4
7 mardi.	s. Stanislas.	4 2
8 mercredi.	s. Désiré.	4 1
9 jeudi.	s. Grégoire.	3 59
10 vendredi.	s. Gordien.	3 58
11 samedi.	s Mamert.	3 56
12 **DIMANCHE**.	s. Porphyre.	3 55
13 lundi.	s. Servais.	3 53
14 mardi.	s. Erambert.	3 52
15 mercredi.	s. Isidore.	3 51
16 jeudi.	s. Honoré.	3 49
17 vendredi.	s. Pascal.	3 48
18 samedi.	s. Eric.	3 47
19 **DIMANCHE**.	s. Yves.	3 45
20 lundi.	s. Bernard.	3 44
21 mardi.	se Virginie.	3 43
22 mercredi.	se Julie.	3 42
23 jeudi.	s. Didier.	3 41
24 vendredi.	se Jeanne.	3 40
25 samedi.	s. Urbain.	3 39
26 **DIMANCHE**.	s. Philippe de N.	3 38
27 lundi.	**ROGATIONS**.	3 37
28 mardi.	s. Germain.	3 36
29 mercredi.	s. Maximin.	3 35
30 jeudi.	Ascension.	3 35
31 vendredi.	se Pétronille.	3 34

La lune brille du 10 au 26 mai.

Mai vient, frais comme une idylle.
Gardez-vous d'être stérile;
Réussir un madrigal
Est un plaisir sans égal.

MAI

A UNE GAMINE DE QUALITÉ.

Je fus hardi, je le déclare,
Quand, avec quelque mauvais ton,
Je vous appelai hanneton :
Ce mot est sans doute bizarre.

Mais mon crime est-il sans pardon?
Mon audace est-elle si rare?
De ce titre il sied qu'on se pare;
Pour cela je vous en fis don.

Faisons une paix honorable,
Petite fille redoutable
Qui m'avez boudé trop longtemps;

Le hanneton, doux et volage,
Qu'amène Avril comme un présage,
Est le messager du Printemps.

JUIN

JOURS		FÊTES	AURORE	
			h.	min
1	samedi.	s. Thierry.	3	33
2	**DIMANCHE.**	s. Pothin.	3	32
3	lundi.	se Clotilde.	3	32
4	mardi.	s. Quirin.	3	31
5	mercredi.	s. Boniface.	3	31
6	jeudi.	s. Claude.	3	30
7	vendredi.	s. Paul.	3	30
8	samedi.	s. Médard.	3	29
9	**DIMANCHE.**	PENTECOTE.	3	29
10	lundi.	s. Landry.	3	29
11	mardi.	s. Barnabé.	3	28
12	mercredi.	s. Basilide.	3	28
13	jeudi.	s. Antoine de Pad.	3	28
14	vendredi.	s. Ruffin.	3	28
15	samedi.	s. Modeste.	3	28
16	**DIMANCHE.**	Trinité.	3	28
17	lundi.	s. Adolphe.	3	28
18	mardi.	sé Marine.	3	28
19	mercredi.	s. Gervais. s. Prot.	3	28
20	jeudi.	Fête-Dieu.	3	28
21	vendredi.	s. Leufroi.	3	28
22	samedi.	s. Alban.	3	28
23	**DIMANCHE.**	s. Félix.	3	28
24	lundi.	s. Jean-Baptiste.	3	29
25	mardi.	s. Prosper.	3	29
26	mercredi.	s. Babolein.	3	29
27	jeudi.	s. Crescent.	3	30
28	vendredi.	s. Irénée.	3	30
29	samedi.	**S. PIERRE et S. PAUL**	3	31
30	**DIMANCHE.**	Commém. s. Paul.	3	32

La lune brille du 9 au 25 juin.

Si quelque rage vous pique
De faire un poëme épique,
Songez que le meilleur n'est
Qu'au niveau d'un bon sonnet.

JUIN

A VENISE

Venise est tricolore.
Notre drapeau décore
Son horizon vermeil
   Plein de soleil.

Le grand lion regarde
L'étendard qui le garde
Et dont les plis mouvants
   Flottent aux vents.

Les pêcheurs des lagunes,
Les belles filles brunes
Ont salué l'essor
   De l'aigle d'or.

O nouvelle Italie!
Renais, espère, oublie;
Viens essuyer tes pleurs
   A ces couleurs.

JUILLET

JOURS		FÊTES	AURORE	
			h.	min.
1	lundi.	s. Martial.	3	32
2	mardi.	**VISITAT. DE N. D.**	3	33
3	mercredi.	s. Anatole.	3	33
4	jeudi.	Tr. s. Martin.	3	34
5	vendredi.	se Zoé.	3	35
6	samedi.	s. Tranquillin.	3	35
7	**DIMANCHE.**	se Aubierge.	3	36
8	lundi.	s. Priscille.	3	37
9	mardi.	se Véronique.	3	38
10	mercredi.	se Félicité.	3	39
11	jeudi.	Tr. s. Benoît.	3	40
12	vendredi.	s. Gualbert.	3	41
13	samedi.	s. Turiaf.	3	42
14	**DIMANCHE.**	s. Bonaventure.	3	43
15	lundi.	s. Henri.	3	44
16	mardi.	N. D. du Carmel.	3	45
17	mercredi.	s. Alexis.	3	46
18	jeudi.	s. Clair.	3	47
19	vendredi.	s. Vincent de Paul.	3	48
20	samedi.	se Marguerite.	3	49
21	**DIMANCHE.**	s. Victor.	3	50
22	lundi.	se Madeleine.	3	51
23	mardi.	s. Apollinaire.	3	53
24	mercredi.	se Christine.	3	54
25	jeudi.	s. Jacques le Maj.	3	55
26	vendredi.	Tr. de s. Marcel.	3	56
27	samedi.	s. Pantaléon.	3	58
28	**DIMANCHE.**	se Anne.	3	59
29	lundi.	se Marthe.	4	0
30	mardi.	s. Abdon.	4	2
31	mercredi.	s. Germain l'Aux.	4	3

La lune brille du 8 au 24 juillet.

Si la chaleur vous accable,
Il vous sera favorable
De composer lentement
Des vers rimés richement.

JUILLET

A CHARLES MONSELET

Le printemps a son frac vert
Et l'automne a ses corbeilles;
Pour ses gais repas, l'hiver
Met le soleil en bouteilles.

Avec la fève des rois
Le carnaval a les crêpes;
Mais les jours chauds ont les cèpes
Venus à l'ombre des bois.

Le parfum immense, agreste
Des forêts au front chenu,
Tombe, se concentre et reste
Sur le sol, point inconnu...

Le cèpe naît, solitaire,
Et dans un air embaumé
Répand l'odeur salutaire
Des forêts qui l'ont semé.

AOUT

JOURS	FÊTES	AURORE	
		h.	min.
1 jeudi.	s. Pierre-ès-liens.	4	4
2 vendredi.	s. Etienne.	4	5
3 samedi.	Inv. s. Etienne.	4	7
4 **DIMANCHE.**	s. Dominique.	4	8
5 lundi.	s. Yon, m.	4	10
6 mardi.	Transfig. de J.-C.	4	11
7 mercredi.	s. Gaëtan.	4	12
8 jeudi.	s. Justin.	4	14
9 vendredi.	s. Spire.	4	15
10 samedi.	s. Laurent.	4	16
11 **DIMANCHE.**	S. de la se Cour.	4	18
12 lundi.	se Claire.	4	19
13 mardi.	s. Hippolyte.	4	21
14 mercredi.	s. Eusèbe, v. j.	4	22
15 jeudi.	Assomption.	4	23
16 vendredi.	s. Roch.	4	25
17 samedi.	s. Mammès.	4	26
18 **DIMANCHE.**	se Hélène.	4	28
19 lundi.	s. Louis, év.	4	29
20 mardi.	s. Bernard.	4	30
21 mercredi.	s. Privat.	4	32
22 jeudi.	s. Symphorien.	4	33
23 vendredi.	s. Sidoine.	4	35
24 samedi.	s. Barthélemi.	4	36
25 **DIMANCHE.**	s. Louis, roi.	4	38
26 lundi.	s. Zéphirin.	4	39
27 mardi.	s. Césaire.	4	40
28 mercredi.	s. Augustin.	4	41
29 jeudi.	Déc. de s. J.-B.	4	43
30 vendredi.	s. Fiacre.	4	45
31 samedi.	s. Ovide.	4	46

La lune brille du 7 au 22 août.

Si votre trogne est rougie,
Ne faites pas d'élégie;
Si vous avez du chagrin,
N'essayez pas de refrain.

AOUT

A MA FEMME

Après les jours de pluie, après les nuits d'orage,
Les arbres dévastés inclinent leurs rameaux;
Les eaux, comme des pleurs, tombent de leur feuillage,
Et le vent épuisé gémit dans les roseaux.

On rêve à cet aspect d'éternelles tristesses...
Mais le ciel tout à coup s'éclaircit; le soleil
Répand sur l'univers ses fécondes caresses,
Et tout chante et renaît sous le rayon vermeil.

Ainsi, quand je pleurais ma jeunesse perdue,
Ma chère, — et que vers moi votre main s'est tendue,
A mes yeux s'est ouvert un horizon nouveau :

Le jour s'est fait, chassant la nuit et le mensonge;
Je vois s'évanouir le passé comme un songe,
Et l'amour dans mon cœur chante comme un oiseau.

SEPTEMBRE

JOURS		FÊTES	AURORE	
			h.	min
1	**DIMANCHE**	s. Leu et s Gilles.	4	47
2	lundi	s. Lazare.	4	49
3	mardi	s. Grégoire.	4	50
4	mercredi.	sᵉ Rosalie.	4	52
5	jeudi.	s. Bertin.	4	53
6	vendredi.	s. Onésippe.	4	55
7	samedi	s. Cloud.	4	56
8	**DIMANCHE**	**NATIVITÉ DE N. D.**	4	57
9	lundi.	s. Omer, évêque.	4	59
10	mardi.	sᵉ Pulchérie.	5	0
11	mercredi.	s. Patient	5	2
12	jeudi.	s. Cerdot	5	3
13	vendredi.	s. Aimé.	5	4
14	samedi.	**EXALT. DE LA CROIX.**	5	6
15	**DIMANCHE**	s. Nicodème.	5	7
16	lundi	s. Cyprien.	5	9
17	mardi	s. Lambert.	5	10
18	mercredi.	s. Jean Chr.	5	12
19	jeudi.	s. Janvier.	5	13
20	vendredi.	s. Eustache.	5	14
21	samedi.	s. Mathieu.	5	16
22	**DIMANCHE**.	s. Maurice.	5	17
23	lundi	sᵉ Thècle, vierge.	5	19
24	mardi.	s. Andoche.	5	20
25	mercredi.	s. Firmin.	5	22
26	jeudi.	sᵉ Justine.	5	23
27	vendredi.	s. Côme, s. Damien.	5	25
28	samedi.	s. Céran.	5	26
29	**DIMANCHE**.	s. Michel.	5	27
30	lundi.	s. Jérôme.	5	29

La lune brille du 5 au 21 septembre.

Cette saison est propice
Aux vers remplis d'artifice :
Pantoums, échos, virelais,
Saynètes et triolets.

SEPTEMBRE

A LA PLUIE

Je suis seul, je m'ennuie, et je n'ai rien à faire,
Sauf — remettons cela — des révolutions.
J'ai voulu me livrer à mes réflexions,
Mais elles m'endormaient et je les ai fait taire.

Je vous dirai, si vous n'êtes pas exigeants, —
Pour perdre ses instants l'idée est merveilleuse, —
Une histoire d'hier, quelque peu graveleuse.
La mère en permettra la lecture à ses gens.

Il fut un temps — jadis — où j'avais deux maitresses...
Ce début saisissant ne manque pas d'éclat,
Mais je crains, toutefois, d'être pris pour un fat.
L'une était brune; l'autre avait de blondes tresses.

En y songeant de près, mon conte ne vaut pas
Le diable. Je faisais à mon jeu bonne mine.
Je mentais; je m'ennuie encore plus. — Je termine:
J'épousai la première et l'autre me trompa.

OCTOBRE

JOURS	FÊTES	AURORE
		h. min.
1 mardi.	s. Remi, évêque.	5 30
2 mercredi.	SS Anges G.	5 32
3 jeudi.	s. Denis l'A.	5 33
4 vendredi.	s. Fr. d'Assises.	5 35
5 samedi.	se Aure, vierge.	5 36
6 **DIMANCHE**.	s. Bruno.	5 38
7 lundi.	s. Serge.	5 39
8 mardi.	se Thaïs.	5 41
9 mercredi.	s. Denis, évêque.	5 42
10 jeudi.	s. Géréon.	5 44
11 vendredi.	s. Venant.	5 45
12 samedi.	s. Vilfrid.	5 47
13 **DIMANCHE**.	s. Edouard.	5 48
14 lundi.	s. Calixte.	5 50
15 mardi.	se Thérèse.	5 51
16 mercredi.	s. Léopold.	5 53
17 jeudi.	s. Cerbon.	5 55
18 vendredi.	s. Luc, évang.	5 56
19 samedi.	s. Savinien	5 58
20 **DIMANCHE**.	s. Sendou.	5 59
21 lundi.	se Ursule.	6 1
22 mardi.	s. Mellon.	6 2
23 mercredi.	s. Hilarion.	6 4
24 jeudi.	s. Magloire.	6 5
25 vendredi.	s. Crépin.	6 7
26 samedi.	s. Rustique.	6 9
27 **DIMANCHE**.	s. Frumence.	6 10
28 lundi.	s. Simon, s. Jude.	6 12
29 mardi.	s. Faron, évêque.	6 13
30 mercredi.	s Lenain.	6 15
31 jeudi.	s. Quentin, V. J.	6 17

La lune brille du 5 au 20 octobre.

Célébrez le jus d'Octobre,
Tout en vous maintenant sobre,
Et préférez au flacon
L'eau pure de l'Hélicon.

OCTOBRE

A LA PATRIE

Bordeaux, reine du Sud, est la cité puissante
    Dont le soleil chauffe les reins,
En faisant miroiter la courbe étincelante
    De ses quais arrosés de vins.
Pâles buveurs de bière, abjurez vos croyances,
    Asseyez-vous à nos banquets ;
Laissez-vous colorer des rougeurs éclatantes
    Que débitent nos cabarets.
Buvez au sol béni dont les vins et les femmes
    Ont dans le cœur tant de rayons,
Que l'ivrogne et l'amant, épris des mêmes flammes,
    Ont les mêmes illusions;
Et que, dans une ivresse étrange, sans pareille,
    Chaque buveur enseveli
Mêle éternellement sa femme et sa bouteille
Et ne distingue plus sa table de son lit.

NOVEMBRE

JOURS		FÊTES	AURORE	
			h.	min
1	vendredi.	TOUSSAINT.	6	18
2	samedi.	JOUR DES MORTS.	6	20
3	**DIMANCHE**	s. Marcel.	6	21
4	lundi.	s. Charles Borr.	6	23
5	mardi.	se Bertilde.	6	25
6	mercredi.	s. Léonard.	6	26
7	jeudi.	s. Wilbrod.	6	28
8	vendredi.	les S. Reliques.	6	30
9	samedi.	s. Mathurin.	6	31
10	**DIMANCHE.**	s. Léon.	6	33
11	lundi.	s. Martin.	6	34
12	mardi.	s. René, évêque	6	36
13	mercredi.	s. Brice, évêque.	6	37
14	jeudi.	s. Achille.	6	39
15	vendredi.	s. Eugène.	6	41
16	samedi.	s. Eucher.	6	42
17	**DIMANCHE.**	s. Aignan.	6	44
18	lundi.	se Aude.	6	45
19	mardi.	se Elisabeth.	6	47
20	mercredi.	s. Edmond.	6	48
21	jeudi.	**PRÉSENT. DE N. D**	6	50
22	vendredi.	se Cécile.	6	51
23	samedi.	s. Clément.	6	53
24	**DIMANCHE.**	se Flore.	6	54
25	lundi.	se Catherine.	6	56
26	mardi.	se Geneviève.	6	57
27	mercredi.	s. Sosthène.	6	59
28	jeudi.	s. Severin.	7	0
29	vendredi.	s. Saturnin.	7	1
30	samedi.	s. André.	7	3

La lune brille du 4 au 18 novembre.

Dans les saisons refroidies,
Livrez-vous aux tragédies;
Mais, dès qu'il fera beau temps,
Laissez l'ouvrage en suspens.

NOVEMBRE

AU FIL DE LA VIERGE

Dans les cieux rayonnants, près de la Trinité,
Est la Vierge divine au sourire céleste.
Comme un astre limpide éclate sa beauté,
Et pourtant elle brode, immobile et modeste.

Au milieu des concerts éclatants, elle reste
Calme et laborieuse, et fuyant la clarté.
Mais un fil l'embarrasse, à son doigt arrêté :
Elle s'est détournée et l'éloigne du geste.

La voilà qui se penche au bord du ciel ouvert :
Le fil obéissant dans l'espace se perd,
Vague ligne d'argent aux courbes sinueuses...

Nous courions dans les champs avec les vendangeuses;—
Mais, en suivant de l'œil le long fil onduleux,
Nous vîmes dans l'azur la brodeuse aux yeux bleus.

DÉCEMBRE

JOURS		FÊTES	AURORE	
			h.	min.
1	**DIMANCHE.**	s. Eloi. Avent.	7	4
2	lundi.	s. Fr.-Xavier.	7	5
3	mardi.	s. Miracle.	7	7
4	mercredi.	se Barbe.	7	8
5	jeudi.	s. Sabas.	7	9
6	vendredi.	s. Nicolas.	7	10
7	samedi.	se Fare, vierge.	7	11
8	**DIMANCHE.**	**CONCEPTION.**	7	12
9	lundi.	se Léocadie.	7	13
10	mardi.	se Valère.	7	14
11	mercredi.	s. Fuscien.	7	15
12	jeudi.	s. Damase.	7	16
13	vendredi.	se Luce, vierge.	7	17
14	samedi.	s. Nicaise.	7	18
15	**DIMANCHE.**	s. Mesmin.	7	19
16	lundi.	s. Adélaïde.	7	20
17	mardi.	se Olympiade.	7	21
18	mercredi.	s. Gatien.	7	21
19	jeudi.	s. Meurice.	7	22
20	vendredi.	s. Philogon	7	23
21	samedi.	s. Thomas.	7	23
22	**DIMANCHE.**	s. Honorat.	7	24
23	lundi.	se Victoire.	7	24
24	mardi.	s. Yves. **V. J.**	7	25
25	mercredi.	NOEL.	7	25
26	jeudi.	s. Etienne.	7	25
27	vendredi.	s. Jean, ap.	7	25
28	samedi.	Les ss. Innocents.	7	26
29	**DIMANCHE.**	s. Thomas C.	7	26
30	lundi.	se Colombe.	7	26
31	mardi.	s. Sylvestre.	7	26

La lune brille du 4 au 18 décembre.

Les poètes, en Décembre,
Font bien de garder la chambre
En écrivant des chansons
Ou des contes polissons.

DÉCEMBRE

AU BOIS

Avez-vous vu passer, ma chère,
Ce beau jeune homme, armé d'un stick,
Cavalier à l'allure fière
Sorti d'un portrait de Vandick?

Il meurt d'amour. Sa tête blonde
Cache un esprit audacieux
Qui bouleverserait le monde,
Et je lui fais baisser les yeux.

Il m'écrit, il pleure, il soupire;
Il me suivrait jusqu'en enfer;
Il vit dans l'air que je respire,
Comme le poisson dans la mer.

Je le plains. — Je suis assurée
Qu'il est justement estimé;
Et, s'il ne m'eût point adorée,
Peut-être que je l'eusse aimé.

A NOS LECTEURS

—

Si l'*Almanach des Rues et des Bois* doit se perpétuer, il faut le dire.

A l'époque de son impression, son éditeur a considérablement ennuyé ses amis, en leur demandant des sonnets pour tous les mois de l'année.

Pour éviter cela, — et bien que nous ayons horreur de toute espèce de concours poétique, — nous accepterons volontiers à l'avenir les vers inédits qu'on voudra bien nous adresser.

Mais on brûlera rigoureusement, sans les rendre, les manuscrits qui ne seraient pas agréés.

En revanche, les poésies insérées seront payées au poids de l'or.

Cet engagement est sérieux et sera exactement rempli, à moins que les auteurs n'y mettent obstacle eux-mêmes, en remplaçant le papier dont ils devraient honnêtement se servir par des cartonnages épais, des feuilles de métal ou des pierres lithographiques.

Poésies Légères

&

Autres

Vers les palmes immortelles
Nous courons d'un pas léger :
Ah ! si Pégase a des ailes,
N'est-ce pas pour voltiger ?

T. GAUTIER.

Mont des Martyrs

—

Sur le mont des Martyrs, on rencontre un manoir
A quatre étages, blanc de chaux, n'ayant de noir
Qu'une croisée ouverte au devant d'un fond sombre.

Quand j'allai visiter Monselet dans cette ombre,
Il était tard. Aussi venait-il de rentrer.
Dans une salle obscure on me fit pénétrer :
Un être peu visible, armé d'une fourchette,
A table, tourmentait follement une assiette.
Cet homme, dont d'abord je ne vis que le dos,
Dans un vague brouet harponnait des morceaux
De victuaille, un os, un légume, une gousse.
Sa main était pourtant blanche, dodue et douce,
Et sa face replète avait des tons vermeils.....
L'inconnu, sans me voir, avec des airs pareils
A ceux de la Reynière attaquant des poulardes,
Mangeait cette pitance aux nuances blafardes.....

Moi, sans même ébaucher un bonjour incomplet,
Je m'écriai : Holà ! Je viens voir Monselet,
L'auteur de l'Almanach Gourmand Triple.

                     Mais l'homme,
Se retournant, me dit : C'est moi.

               — Quoi ! vous qu'on nomme
Le convive savant, l'astre et la fleur des pois,
M'écriai-je, Seigneur ! c'est vous qu'ainsi je vois !
Quoi ! c'est vous qui n'avez qu'à vous asseoir à table
Et qu'à dire : Mangeons ! pour qu'un vin délectable
Et mille plats choisis donnent aux nations,
O Charles ! le frisson des indigestions, —
Et pour faire accourir, à la lueur des lustres,
Sauces en main, l'essaim des cuisiniers illustres !...
Lorsque je vous ai vu naguère, plein d'éclat,
Chez Vachette, au salon de velours nacarat,
Vous aviez l'air royal du gourmet qui se grise ;
Vous teniez à la main une bouchée exquise,
Et votre plénitude emplissait ce séjour ;
Comme il sied, quand on sait manger avec amour.
Monselet, vous étiez un gourmand très superbe.
On eût dans un brasier cueilli des touffes d'herbe
Bien plus facilement, certes, qu'on n'eût trouvé
Quelqu'un qui, plus que vous, osât s'être gavé.

Plus d'un goinfre tenait à grand honneur de suivre
De loin vos glorieux exemples de bien vivre.
Votre appétit vivace à chaque mets parlait;
Les plats allaient à vous comme aux enfants le lait.
Des poètes, armés d'une fringale extrême,
Et dont toute la vie était un long carême,
Après avoir voulu lutter, sans mouvements,
Consternés, contemplaient vos engloutissements.
Vous étiez entouré d'un personnel d'élite :
Brébant, aux environs, tournait en satellite;
Vous étiez le soleil, et l'éclair de vos yeux
Etait fait des rubis limpides du vin vieux.
Vous, si gros, vous aviez la suprême élégance;
Votre geste était plein d'une haute assurance,
Et, pour vous obéir, vingt garçons étaient prêts.
Nul n'était au-dessus de Charle, et nul auprès.
Personne, eût-il été le roi de la parade
Du journal, n'eût osé vous dire : Camarade!
Vous éclatiez, avec des rayons allumés
Aux bleuâtres lueurs des philtres enflammés;
Vous marchiez, entouré d'odeurs alcooliques,
Au niveau des sommets inconnus aux coliques,
Et vous tendiez la main avec tant de fierté,
Que les verres volaient tous de votre côté.
Vous regardiez, ainsi que néant et fumées,
Les sauces où manquaient les truffes parfumées,

Et vous ne consentiez qu'au seul nom d'ortolan.
Vous étiez le viveur magnifique et galant.
Vous dominiez la foule, et s'il faut que je parle,
Vous aviez sur le front une auréole.

         Charle
Répondit.: Je n'étais alors que chez Brébant.

Je m'écriai : Voyons, d'où vient ce changement ?
Que s'est-il donc passé ? Quelles sont ces pâtures ?
J'arrive, et je vous vois, prenant des nourritures
Qu'on ne donnerait pas à des marchands d'habits !
Vous mangez des ragoûts fauves, et du pain bis,
Et vous trempez ce pain dans ce ragoût infâme !

— Monsieur, dit Monselet, je dine chez ma femme.

           G. RICHARD.

6 mai 1866.

DÉCLARATION

Le destin — n'y croyez-vous pas ? —
Un jour d'été conduit vos pas
Au salon d'une jeune femme.
On soulève des questions d'art,
On cause, et dès qu'il se fait tard :
      Adieu, Madame.

C'est d'abord le simple récit
De ce qu'on fait, de ce qu'on dit,
Et le nom des pièces nouvelles.
Mais, chaque chose ayant son tour,
On en vient à parler d'amour
      Aux demoiselles.

Il est vrai que c'est gravement,
Sensément, raisonnablement,
Comme d'une chose étrangère,
Comme d'un objet curieux
Qu'on met, pour le plaisir des yeux,
      Sur l'étagère.

Pourtant, bientôt change l'accent:
Dans le mot le plus innocent
Un trouble étrange se révèle.
Le temps fuit à vous étonner;
Minuit s'avise de sonner:
  — Déjà ? dit-elle.

Tout cela, vous le savez bien ;
Mais vous ne voulez croire à rien ;
Je m'en afflige pour vous-même.
Croire est le bonheur, selon moi ;
Mais, hélas! pour avoir la foi,
  Il faut qu'on aime.

JACQUES.

Une Intrigue
AU BAL DE L'OPÉRA

—

Assez de gens diront, avec un air choqué :
« Hélas ! on ne sait plus causer au bal masqué !
« On n'y remporte plus que de grossiers succès,
« Et l'Intrigue est partie avec l'esprit français ! »

N'écoutez pas ces gens, ramasseurs de clichés,
Ces inspecteurs de mœurs, dès neuf heures couchés ;
Et croyez-en plutôt ces vers de bonne foi,
Écrits pour vous, lectrice, — écrits, lecteur, pour toi.

Que si vous leur trouvez un turbulent essor,
C'est qu'il est encore nuit et que je bois encor.
Aussitôt qu'un couplet est par moi composé,
D'un verre de champagne il se trouve arrosé !

Il s'agit d'un gandin qui, lors du dernier bal,
Vit un domino sombre et d'un maintien moral.
Il l'accosta soudain et le voulut railler ;
Mais l'autre le fit taire et sut l'entortiller.

Ce gandin était jeune ; il avait un col droit,
Un pantalon trop large, un chapeau trop étroit ;
Et son habit bleu-prune, éblouissant à voir,
Ressemblait par le bas au bec d'un sifflet noir.

Son visage, rasé de frais dans le milieu,
S'ornait sur les côtés de deux buissons de feu ;
Agrément qu'on appelle, ailleurs comme à Paris,
Nageoires chez le bar, chez l'homme favoris.

Le coquet domino, sous de simples dehors,
Paraissait recéler de ravissants trésors.
Deux astres noirs perçaient le satin de son loup ;
De main comme la sienne on n'en voit pas beaucoup.

Par la foule pressé, vers elle se penchant,
Le gandin murmurait ces mots, tout en marchant :
« Quelle taille ! quels pieds ! quels cheveux en forêt ! »
Elle, tranquillement, dit : « On en mangerait. »

Continuant toujours d'affronter le péril :
« Un méchant petit cœur là-dessous battrait-il ?
« Que ne suis-je celui qui pourra le toucher ! »
Elle lui répondit : « Ça vous ferait loucher. »

Le gandin confondu lui demanda pardon,
Et, se sentant blessé par le dieu Cupidon,
Finit par obtenir son absolution :
—« Mais j'y mets, lui dit-elle, une condition.

« La valse qu'à présent on vient de commencer,
« Vous allez avec moi sur-le-champ la danser.
« — Mais, lui répondit-il, je ne suis pas masqué,
« Et par tous mes amis je serai remarqué.

« — Monsieur, fit-elle alors d'un accent dédaigneux,
« Craint de se compromettre avec moi ; c'est au mieux...»
Il ne répliqua pas, mais au bout d'un instant
Dans la foule ils allaient tous deux pirouettant.

Ses amis, aux abois et fronçant le sourcil,
Disaient : « C'est une horreur ! à quoi donc pense-t-il ? »
Et tout le Club, penché sur le bord du balcon,
Semblait pétrifié comme Laocoon.

La valse terminée, enfin il respira ;
Mais quand autour de lui son œil timide erra,
Il ne trouva qu'airs froids, sévères, irrités.
On l'appelait tout haut commis en nouveautés.

Pour cacher sa rougeur, poussant vers le café,
Il feignit tout à coup d'être fort échauffé.
— « Allons, murmura-t-il, nous rafraîchir un peu.
« Prendrez-vous un sorbet, ô bel ange à l'œil bleu?

« — Un sorbet? Oh! la, la! Tu ne le voudrais point! »
Et, frappant sur la table avec son petit poing,
L'enfant aux yeux d'azur : « Constantin ! un soda ! »
Le gandin : « Je ferai comme vous, ma Léda. »

« Un soda ! » répéta longtemps l'écho moqueur ;
Et soudain accourus, tous ses amis en chœur
Répétèrent : « Il prend un soda ! Comprend-on ?
« Cet homme n'est plus rien chez les gens du bon ton ! »

Or, lui, croisant les bras, à sa compagne dit :
« Vous m'avez fait près d'eux tomber en discrédit ;
« Ne m'en verrai-je pas par vous récompensé ? »
Elle lui répondit : « Vous êtes bien pressé ! »

Et comme il poursuivait ses propos délirants,
Elle ajouta : « Bébé, je suis chez mes parents. »
Le gandin s'écria : « Cela m'est bien égal,
« Si tu m'indiques leur domicile légal. »

Pudiquement : « Mon cher, cela ne se fait pas;
« Mais vous pouvez pourtant accompagner mes pas,
« Et, lorsqu'un *sans ressorts* m'emportera d'ici,
« Vous installer derrière et tout apprendre ainsi.

« — Monter derrière un char ! » exclama le gandin,
Plein d'un noble courroux ; « ah ! c'est trop de dédain !
« Cette preuve d'amour, ne l'espère jamais !
« J'aime mieux renoncer à t'aimer désormais.

« — A votre aise ! » dit-elle; et, sans le saluer,
Vers la porte on la vit bientôt évoluer.
Un fiacre lui fit signe; elle monta dedans.
Il crut que les chevaux prenaient le mors aux dents.

Lors, en dépit du monde et du respect humain,
Il s'élança d'un bond; et, sur l'arrière-train,
Se maintint, cramponné ; — quand ce poste élevé
Lui montra ses amis qui battaient le pavé !

Ce furent des hourras, ce furent de grands cris;
On le traita de groom, on en fit des paris;
Il servit de jouet à leurs joyeux ébats.
Il était très vexé, mais ne le montrait pas.

Le fiacre traversa le canal Saint-Martin.
La belle descendit; il lui donna la main.
Et comme le cocher demandait de l'argent,
Elle lui dit : « Monsieur n'est pas un indigent ! »

Sur le seuil, elle et lui parlementaient encor,
Quand, du troisième étage, avec un bruit de cor,
Une voix, que le rhume ou le rhum opprima,
Laissa tomber ces mots : « Vas-tu monter, Irma?

Alors, levant le nez, notre gandin put voir
Briller comme un feu rouge à travers le ciel noir,
Ce phare, qui frappa son œil stupéfié,
Plus tard du nom de pipe il l'a qualifié.

Le gandin s'éloigna comme il était venu,
Lentement, tout le long d'un faubourg inconnu,
Sans regret, sans rancune, et songeant en chemin
A ce qu'à ses amis il conterait demain.

Laissez dire celui qui vous répétera
Qu'on ne s'amuse point au bal de l'Opéra,
Et que l'Intrigue au fin babil, au pied léger,
Ne revient plus chez nous s'ébattre et voltiger !

Charles Monselet.

LAÏS

CHANSON DU BOIS... DE BOULOGNE

Hei! non desinit in piscem.

Parmi les contes qu'on retient,
En la voyant, il m'en revient
  Un en mémoire.
Ce n'est pas le petit Poucet
Ni la Belle au bois dormant, — c'est
  Une autre histoire.

Ce n'est pas non plus ce Riquet
Dont, en riant, on critiquait
  L'étrange houppe, —
Aucun de ces récits charmants
Que dans l'or et les diamants
  Perrault découpe ;

Pas le chaperon que le loup
Croqua, — le trouvant de son goût,
  Il faut le croire, —
Fables dont jadis s'amusait
Le siècle du grand Louis, — c'est
  Une autre histoire.

C'est la Princesse aux cheveux d'or,
Aux blonds cheveux qu'avec effort
    Le vent soulève;
La princesse que chacun dit
La plus belle, sans contredit,
    Des filles d'Ève.

Or, Laïs un jour dit : « Je veux ! »
Et Dieu lui donna les cheveux
    De cette belle;
Il les fit plus beaux et plus longs;
Plus doux, plus parfumés, plus blonds :
    C'était pour elle.

— La linotte, qui dans les bois
Chante, — a dans sa petite voix
    Tout un mélange
Des sons les plus harmonieux,
Des notes qui rendraient aux cieux
    Jaloux un ange.

Il fallut, pour la contenter,
Que sa voix pût aussi jeter
    Pareille note.....
Laïs — Dieu fut sourd cette fois, —
Eut la tête au lieu de la voix
    De la linotte.

Un tel échange lui déplut.
Plus tard encore, elle voulut
   — Souhaits bizarres! —
Que Dieu lui donnât le talent
De laisser tomber en parlant
   Des perles rares.

Depuis cet étrange souhait,
Le matin, le soir, sa langue est
   Toujours en route,
Dans l'espoir, gravé sur son front,
Que quelques perles finiront
   Par choir sans doute.

Elle a ce qu'il faut pour charmer :
La suave enfant, pour aimer
   A son système.
Elle sait s'écrier : Je veux!
Passer sa main dans les cheveux,
   Dire : Je t'aime!

Étant leur sœur en volupté,
Du temps d'Homère, elle eût été
   De ces sirènes,
Qui vers les terribles rochers,
Attiraient les pâles nochers
   Et leurs carènes.

Oh ! ces sirènes d'autrefois
Avaient sans doute dans la voix
   Plus de délices,
Et n'avaient de rares griefs
Que contre bien peu de Josephs,
   Bien peu d'Ulysses ;

Blondes sirènes, dont le sein
Avait la vague pour coussin
   Dans la mer bleue ; —
Et dont la croupe, — avec raison, —
Plongeant sous l'onde, d'un poisson
   Avait la queue.

Temps béni du ciel ! — Aujourd'hui
Que nos cœurs auraient moins d'ennui,
   Si la nature,
Comme ces sirènes d'alors,
Laïs, avait fini ton corps
   A la ceinture.

ALBERTUS.

LA COURSE AU FAUTEUIL

I

Vêtu de noir, ganté, paré comme une châsse,
Le futur immortel a commencé la chasse,
Emportant avec lui ses ouvrages divers
Dans un fiacre empilés, romans, théâtre, vers;

Pour trouver des coquins à l'altière consigne,
Qui, le voyant venir, l'un l'autre se font signe,
Et disent, sur sa mine et son piteux maintien :
« Encore un qui veut être académicien.

« C'est au moins le troisième aujourd'hui...Sonne, sonne;
« Le prince nous a dit : Je n'y suis pour personne. »

— Le prince?
— Il est absent.
— Je reviendrai demain.

Et, déposant sa carte, il reprend son chemin.

II

Pour cette noble course, il faut tous les courages.
—Monsieur, je n'ai pas lu, dit le duc, vos ouvrages,
Et si c'est votre nom qu'on vient de m'annoncer,
Pour la première fois je l'entends prononcer.

(A ces mots, fussiez-vous le chantre de Pharsale,
Il faut courber bien bas votre épine dorsale,
Murmurer quelques mots vagues, pleins de douceur,
Et sourire avec grâce aussi bien qu'un danseur).

— Mes aïeux se vantaient de ne pas savoir lire,
Et je ne connais pas le dur métier d'écrire;
On ne lit plus, monsieur, à mon âge, on relit;
J'ai la goutte et je suis presque toujours au lit...

III

Notre cygne français aurait la voix amie;
Mais, hélas! il ne va plus à l'Académie.
En vain, aux lévriers vous offrez des gâteaux,
C'est du sucre perdu, de la poudre aux moineaux.

IV

— Sur les fauteuils sacrés, dans leurs apothéoses,
Il en est qui ne sont pas assis sur des roses,
Monsieur, croyez-le-bien, — lui dit un avocat, —
Et je serais heureux d'être encore candidat.

V

Sus ces nez immortels composant son visage,
A chaque saint nouveau, c'est un autre langage;
Et, comme un histrion qui change d'oripeaux,
On voit passer les bouts de ses petits drapeaux.

VI

Il arborait le rouge (emblème pacifique);
Le voilà cramoisi : Nous chantons l'Encyclique;
Et le fougueux prélat donne, avec onction,
A défaut de sa voix, sa bénédiction.

Un pieux fainéant d'huissier, comme un ermite,
A la porte lui tend le balai d'eau bénite
— De cour, bien entendu, — et, de son œil sournois,
Observe s'il fait bien le signe de la croix.

Puis, il le reconduit, marmottant : « Mon brave homme,
Quand tu seras nommé, je l'irai dire à Rome;
Et tu devrais savoir que, pour entrer ici,
Il faut une âme pure, et patte blanche aussi. »

VII

Il regrettait le temps où monsieur Robespierre
Du temple de Raison posait la noble pierre...
Moins d'un quart d'heure après, il regrette les droits
Du seigneur, le bon temps, et pleure sur « SES ROIS. »

VIII

Un vieillard, un peu sourd, mais tout à fait aimable,
L'accueille et lui soumet une petite fable.
Vous allez voir : « La Lune un jour dit au Soleil... »
— La Fontaine jamais n'eut un talent pareil !

IX

Chez cet historien, au cœur tout militaire,
Il ignore l'intrigue et ne peut pas se taire..
Il parlera, Madame, avec la liberté
D'un soldat qui s'élance à l'immortalité.

X

Le voici maintenant chez Monsieur Sainte-Beuve
Qui lui montre un fauteuil... (la farce n'est pas neuve).
— Eh ! bonjour, cher Monsieur, veuillez donc vous asseoir;
Qui me vaut aujourd'hui le plaisir de vous voir ?

Il s'explique et soumet humblement sa prière,
— Ah ! ma foi, nous n'avons ni Balzac, ni Molière,
Ni Lambert, ni Stendhal ; mais, puisque vous voilà...
J'en suis vraiment ravi... Asseyez-vous donc là...

Nous jouons de malheur ; j'ai promis mon suffrage..
. . . .

XI

— Serait-il indiscret de demander votre âge?
Dit Flourens.
   — Cinquante ans.
       — L'enfance, en vérité.
Ne l'ai-je pas prouvé dans ma longévité?

XII

Il va de porte en porte, égrenant son rosaire
De refus, les avale et poursuit son calvaire;
Son cœur est ulcéré. Pour avoir un fauteuil,
Il mettrait les quarante, en bloc, dans un cercueil.

XIII

L'un n'est pas à Paris; cet autre est bien malade.
Un ministre l'accueille avec un ton maussade,
Et le toisant d'un air glacé, du haut en bas :
— Monsieur, n'êtes-vous pas rédacteur des *Débats*?

— Je n'ai pas cet honneur, dont je me crois indigne ;
Les hommes des *Débats* ont un talent hors ligne ;
Leur avis est par moi chaque jour médité,
Et j'aime à m'incliner sous leur autorité.

— Mais, si mes souvenirs ne sont pas infidèles,
Je vous ai combattu dans le camp des rebelles ;
En ce moment, Monsieur, d'une étrange façon,
Aux hommes du Pouvoir vous faisiez la leçon...

— Il est vrai qu'autrefois... et, je vous le confesse,
Je gémis sur ces jours de ma folle jeunesse ;
Mais depuis...

— Rome alors estimait leurs vertus ;
Et Burrhus dit tout bas : « *Je ne le ferai plus.* »
Le procédé, d'ailleurs, me semble assez commode ;
Aujourd'hui, comme alors, il est fort à la mode ;
Et, de quelque côté que vient souffler le vent,
On y tourne sa plume et l'on s'endort content.

Monsieur, pour vous parler ici tout net, je pense
Que vous pouvez compter sur mon indifférence ;
Et, fussiez-vous debout sur nos plus hauts gradins,
Vous ne monterez pas plus haut que mes dédains. »

XIV

Il n'était pas au bout, hélas ! A son approche,
Monsieur Vitet tira son encensoir de poche.
Enfin, pour couronner les injures du sort,
Il apprend qu'un deuxième immortel était mort.

XV

Le plus clair bénéfice, en pareille aventure,
Revient à son cocher : trente francs de voiture...
Et cet automédon se dit mentalement :
C'est un bourgeois qui cherche un bel appartement.

CHARLES JOLIET.

Rimons-Rimasses

ANNONCES POÉTIQUES

A la tourbe des poètes,
Que peut-on recommander?
Leurs volontés inquiètes
Ne se laissent pas guider.
Si vous leur donnez l'adresse
De Brébant et de Verdier,
Leur fortune ou leur paresse
Les conduit chez T........—
Et, loin de fêter l'orgie
Dans des endroits bien notés,
Ils font leur trogne rougie
Avec des vins frelatés.
A la cuisine savante
Des chefs les plus renommés,
Ils préfèrent une tente
Sous des feuillages aimés,

Et mangent des plats de gueuses,
Assis avec les pinsons
Dans les branches tortueuses
Des chênes de Robinson.
O le dimanche aux guinguettes !
O le vin bleu des faubourgs !
O le rire des fillettes
Et les faciles amours !.....
Mais cette note lyrique
Est trop bruyante... Arrêtons ;
Soyons un peu moins épique ;
Revenons à nos moutons.
Puisque notre fantaisie
Vend ses rimes aux marchands,
Livrons notre poésie
A des accords moins touchants.....

Accourez, troupe embellie
Des livres charmants et doux
Que notre éditeur publie
Et qui s'adressent à tous...
Mille causes légitimes
En assurent le succès ;
Trim, qui les protège, estime
Qu'ils sont écrits en français.

En premier lieu se déroule
Une liste d'Almanachs ;
On peut choisir dans leur foule
Sans craindre un coup de Jarnac.
L'ALMANACH-GOURMAND s'honore
D'un auteur gras et replet
Aussi vermeil que l'aurore...
On a nommé Monselet (1).
Notre ALMANACH DU POÈTE
Nous arrive tout de go
De la folle CHANSONNETTE
Qu'inspira le grand Hugo (2).
A l'ALMANACH militaire
DU GARDE NATIONAL (3).
Préfére-t-on l'ANNUAIRE
De notre PETIT JOURNAL ? (4)
Il réunit dans ses pages,
Avec illustrations,
Des extraits de bons ouvrages,
Et quelques échantillons
De cette littérature
Dont de populeux auteurs
Composent une pâture
A trois cent mille lecteurs...

Mais l'Almanach est f.ivole ;

Sa parole n'a qu'un temps ;
Il paraît, brille et s'envole
Aux premiers jours du printemps.
Il faut aux âmes d'élite
De solides aliments,
Et le LIVRE vous invite
A d'autres enchantements.
Ambitieux! à la source
Du Pactole enivrez-vous ;
Grâce aux ÉCUEILS DE LA BOURSE (5)
Vous dorerez vos gros sous.
Rayonnez, ô tendres âmes !
Jacque, avec sa plume d'or,
Burine le DROIT DES FEMMES (6)
Et sur ses myrthes s'endort...
On VOYAGE EN TERRE-SAINTE (7)
Avec Félix de Saulcy,
Et l'on suit partout sans crainte
Ce voyageur endurci.
Les ROMANS MICROSCOPIQUES (8)
Sont un aimable jouet
Pour les gens mélancoliques...
Tu rougis, ô Jollet !...
Par tes HISTOIRES COUSUES (9)
DE FIL BLANC, ô Jules, tu
Suspends nos âmes émues

A ton récit impromptu.
Roger le NATURALISTE (10)
PROMÈNE aux champs ses pipeaux.
Félix Hément l'humoriste
Murmure un MENU-PROPOS (11).
L'EMBONPOINT, méthode rare,
Vole à Vénus ses atours,
Et toute taille se pare
De voluptueux contours.
Charles Maquet fait un Conte (12);
Marc Constantin, l'érudit,
Rime, divague ou raconte
Avec un charmant esprit (13).
Enfin, dans sa librairie,
Un éditeur scrupuleux
Ecrit une autre série
De CONTES ROSES ET BLEUS (14);
Contes, — je ne puis le taire, —
Etranges et triomphants,
Tels que monsieur de Voltaire
En eût fait pour les enfants...

Cette réclame devenant éhontée, l'éditeur a jugé prudent de s'en tenir là.

DERNIÈRES ET PROCHAINES

PUBLICATIONS

de la

LIBRAIRIE DU PETIT JOURNAL

21, BOULEVARD MONTMARTRE, 21

—

1. — Le *Triple Almanach gourmand*, de Charles Monselet, deuxième année. Elzévir, calendrier gastronomique et recettes inédites ; édition de luxe, 1 fr.

2. — La *Chansonnette des rues et des bois*, troisième édition. Un des pastiches les mieux réussis du style du Maître : Elzévir, papier d'emballage, 50 c.

3. — L'*Almanach du garde national*, fortement illustré, par un bizet réfractaire ; avec mille renseignements utiles à cette grande institution ; première année, 50 c.

4. — L'*Almanach du Petit Journal*, 30 c. N'en disons rien ; il est connu.

5. — Les *Ecueils de la Bourse*, par un ancien agent

de change ; l'ouvrage le plus complet, le guide le plus sûr en matière financière. Moyen de s'enrichir aussi honnêtement que possible — à la Bourse. Un beau volume, 2 fr.

6. — Le *Droit des femmes*, quatrième édition, merveille typographique, elzévir sur papier teinté de fabrication spéciale ; recueil de tout ce qui a paru sur le *Luxe effréné des femmes*, 1 fr.

7. — *Impressions de voyage en Terre-Sainte*, par Félix de Saulcy, membre de l'Institut. Edition populaire, elzévir illustré, papier teinté, magnifique volume de 400 pages, 3 fr. 50 c.

8. — Les *Romans microscopiques*, de C. Joliet, un des succès de l'année. Il est inutile de recommander... (Voyez le cliché du *Petit Journal*). Un beau volume, 3 fr.

9. — Les *Histoires cousues de fil blanc*, de Jules Claretie, sont un des meilleurs ouvrages de cet esprit aventureux et charmant. Elzévir de 400 pages, 3 fr.

10. — *Promenades d'un naturaliste*, d'Aristide Roger. Malgré la rime, Roger n'a pas de pipeaux ; mais son livre est plein d'intérêt et de détails curieux. Il sent le foin. L'auteur est paysan dans l'âme, rêveur et réaliste à la fois. Tout compris, 2 fr.

11. — *Menus propos sur les sciences*, par Félix Hément. Très savant, très clair et très amusant. Impossible de le croire sans avoir lu le volume, 2 fr.

12. — Charles Maquet recule les bornes du fantastique; ce conteur n'a peur de rien. Mais sa moralité fait son excuse. Il prépare pour le jour de l'an de nouveaux contes illustrés, 3 fr.

13. — Marc Constantin tient également à être agréable aux bébés pour les étrennes de 1867. Prenons-en note. Sa plume chaste est chère aux jeunes filles. Un beau volume illustré, 3 fr.

14. — Richard annonce, en effet, des *Contes rouges et noirs*, parce qu'il n'a pas trouvé de titre plus convenable. Nous ne les recommandons qu'à ceux qui n'ont pas lu les *Contes roses et bleus*. Elzévir illustré, papier de Chine; images extraordinaires, 3 ou 4 fr.

Il y avait encore une page de notes; mais les annonces ayant été coupées, il n'y a pas lieu de les maintenir. Disons seulement qu'elles traitaient des *Aventures de M. de Cogne-Fétu*; que H. de Montaut est libre d'illustrer et C. Monselet de terminer. Ce serait un magnifique volume d'étrennes.

Jacques.

INDEX

Éclipses et Saisons.. 2
Calendrier des Rues et des Bois.............................. 3
Janvier — Aux Réalistes....................................... 5
Février — A Marie B... 7
Mars — A une Dame étrangère................................ 9
Avril — A Laure C... 11
Mai — A une gamine de qualité.............................. 13
Juin — A Venise... 15
Juillet — A Charles Monselet................................ 17
Aout — A ma femme... 19
Septembre — A la pluie....................................... 21
Octobre — A la patrie.. 23
Novembre — Au fil de la Vierge............................. 25
Décembre — Au bois.. 27
Aux poètes.. 28
Poésies légères et autres.................................... 29
Mont des Martyrs... 31
Déclaration... 35
Une intrigue à l'Opéra....................................... 37
Laïs, chanson du bois... de Boulogne....................... 44
La course au fauteuil.. 48
Rimons-Rimasses.. 56
Notes.. 61

Paris.—Typographie Alcan-Lévy, boul. Clichy, 62.

La LIBRAIRIE du PETIT JOURNAL

s'est fait une réputation spéciale par le luxe et le bon goût de ses livres d'étrennes, autant que par leur bon marché. C'est dans ces conditions qu'elle prépare, pour 1867, les publications les plus riches et les plus variées. Plusieurs volumes inédits, destinés aux enfants de tout âge, aux jeunes gens et aux jeunes femmes, paraîtront aux premiers jours de décembre 1866. Au mérite d'une rédaction intelligente et d'un grand luxe typographique, ils joindront l'attrait d'un nouveau genre de reliures qui dépasse en élégance et en solidité tout ce qui a été fait dans ces derniers temps.

Nos Catalogues spéciaux sont adressés franco, par retour du courrier, à toutes les personnes qui les réclament par lettre affranchie.

Envoi immédiat par la poste, franco, à domicile, sous emballage soigné, de tous les ouvrages dont la commande est accompagnée de leur valeur en mandats ou timbres-poste. (*Affranchir*).

Paris.—Typ. Alcan-Lévy, 62, boulev. de Clichy.

www.ingramcontent.com/pod-product-compliance
Lightning Source LLC
LaVergne TN
LVHW051505090426
835512LV00010B/2353